Kommunikation und Führung. Wieso virtuelle Teams in Unternehmen immer mehr an Bedeutung gewinnen

Gruppenspezifische Effekte und Ausarbeitung eines Workshop-Konzepts

Daniel Scherb

Bibliografische Information der Deutschen Nationalbibliothek:

Die Deutsche Nationalbibliothek verzeichnet diese Publikation in der Deutschen Nationalbibliografie; detaillierte bibliografische Daten sind im Internet über http://dnb.d-nb.de abrufbar.

ISBN: 9783346288561
Dieses Buch ist auch als E-Book erhältlich.

Druck und Bindung: Books on Demand GmbH, Norderstedt Germany
Gedruckt auf säurefreiem Papier aus verantwortungsvollen Quellen

Das vorliegende Werk wurde sorgfältig erarbeitet. Dennoch übernehmen Autoren und Verlag für die Richtigkeit von Angaben, Hinweisen, Links und Ratschlägen sowie eventuelle Druckfehler keine Haftung.

Das Buch bei GRIN: https://www.grin.com/document/950341

Kommunikation & Führung

Aufgabe A

Studiengang: Medien- und Kommunikationsmanagement

Modul: Kommunikation & Führung

SRH FernHochschule Riedlingen

von
Daniel Scherb

Inhaltsverzeichnis

A 1.1) Bedeutung virtueller Teams

Eine zunehmende Vernetzung der Unternehmen, ein beschleunigter Wettbewerb sowie verkürzte Produktlebenszyklen erfordern eine schnelle Reaktion der Unternehmen. Um diese komplexen Herausforderungen meistern zu können, wird immer öfter auf virtuelle Teams zurückgegriffen. Virtuelle Teams sind insbesondere seit der zunehmenden Bedeutung des Internets und dem damit entstandenen digitalen Wandel nicht nur in internationalen Unternehmen von hoher Bedeutung. Viele Arbeitnehmer sind zudem nicht mehr bereit, für ihren Job den Wohnort zu wechseln. Die Globalisierung der Märkte, die Notwendigkeit, Projekte möglichst schnell abzuschließen und dabei die besten Mitarbeiter auf ihrem Fachgebiet dabei im Team zu haben sind weitere Aspekte, weshalb die Bedeutung von virtuellen Teams essentiell für viele Unternehmen geworden ist. Unternehmen haben heutzutage oft mehrere Standorte, teilweise auch in mehreren Ländern, sodass Spezialisten auf bestimmten Gebieten nicht selten mehrere Tausend Kilometer voneinander entfernt sitzen und eine länderübergreifende Zusammenarbeit erfordert. Für die gemeinsame Arbeit an einem Projekt werden daher virtuelle Teams gebildet, sodass schnelle Entscheidungen auch international getroffen werden können, um so beispielsweise auf die schnelllebigen Märkte reagieren zu können. Paré und Dubé definieren ein virtuelles Team als „…a group of people who interact through interdependent tasks guided by a common purpose. Virtual team members […] work across space, time and organizational boundaries, with links strengthened by information and communication technologies."[1]

A 1.2) Persönliche Beziehungen in virtuellen Teams

Allerdings stehen virtuelle Teams und insbesondere der Teamleiter, vor besonderen Herausforderungen. Nicht selten scheitern virtuelle Teams daran, dass es wenige bis gar keine persönlichen Kontakte gibt – daran ändert auch die große Medienvielfalt und deren Einsatz nicht unbedingt viel.[2] Digital bleibt digital und wird nie denselben Effekt erzeugen können, wie eine face-to-face-

---

[1] Vgl. Paré, G. / Dubé, L.: S. 479, 1999
[2] Vgl. Business Wissen.de (10.03.2017): www.business-wissen.de

Kommunikation im wirklichen Leben. Führungskräfte virtueller Teams sehen sich mit der Herausforderung konfrontiert, die durch die räumliche Trennung reduzierte soziale Präsenz proaktiv zu überwinden. Über geeignete Medien müssen Informationen und aufgabenbezogene Prozesse innerhalb des Teams kommuniziert werden und dabei soziale Einflussnahme möglich sein.[3]

Insbesondere die Storming- und Norming-Phasen des Tuckmanschen Modells sind geprägt davon, dass sich die Teammitglieder untereinander näher kennenlernen, mehr über die Persönlichkeit und Arbeitsweise der Teamkollegen in Erfahrung bringen oder Gemeinsamkeiten wie auch Unterschiede entdecken.[4] Ebenso hat der Mangel an Informationsaustausch nicht zuletzt maßgebliche Auswirkungen auf das interkulturelle Lernen, was vor allem bei international aufgesetzten virtuellen Teams zum Tragen kommt. Interkulturelle Kommunikation ist nicht selten von nonverbalen Kommunikationsanteilen geprägt, die bei einem Medieneinsatz oft verloren gehen oder schlichtweg nicht kommunizierbar sind.[5] Umso größere Bedeutung kommt der Führung, also der Teamleitung, zu. Charles Handy hatte diese Herausforderung der Teamführung mit folgender Aussage ziemlich treffend formuliert: „How do you manage people whom you do not see! The simple answer is, by trusting them."[6] Vertrauen ist demnach eine der wichtigsten Voraussetzungen, um den Erfolg virtueller Teams gewährleisten zu können.

Dem Teamleiter kommt hier eine besonders elementare Funktion zu, denn er muss es schaffen die oben genannten Herausforderungen gemeinsam mit dem Team zu meistern. Zu Beginn eines Projektes sollte deshalb ein persönliches Kick-Off-Meeting mit allen Teammitgliedern stattfinden. Die Länge eines solchen Meetings richtet sich dabei an den Umfang des zu bearbeitenden Themas - in der Regel dauern diese ein bis zwei Tage. Der inhaltliche Fokus sollte dabei auf folgenden Punkten liegen:[7]

- Persönliches Kennenlernen und Interaktion (hierzu kann eine Vorstellungsrunde mit individuellen Steckbriefen inklusive Porträt der

---

[3] Vgl. Becker, M. / Hess, G.: 2002, S. 8
[4] Vgl. managerSeminare.de (10.03.2017): www.managerseminare.de
[5] Vgl. Köppel, P.: 2007, S. 139
[6] Vgl. Handy, C.: 1995, S. 40
[7] Vgl. Business-Wissen (10.03.2017): www.business-wissen.de

jeweiligen Person genutzt werden. Die Steckbriefe können dann im Anschluss auf die gemeinsam genutzten Online-Tools hinterlegt werden

- Klärung der Gruppenaufgabe (dieser Schritt bezieht sich bereits auf die inhaltliche Bearbeitung der Aufgabe und umfasst z.B. besondere Anforderungen oder Deadlines)

- Technologische Umsetzung (sämtliche Fragestellungen zur Nutzung der Kommunikationsmittel sollen hierbei geklärt werden)

- Entwicklung von Teamnormen und Regeln (im Gegensatz zu Face-to-Face-Teams, bei denen sich ungeschriebene Regeln erst über einen längeren Zeitraum entwickeln, sollen diese in einer intensiven Diskussion bereits zu Beginn der Zusammenarbeit festgelegt werden. Hierunter fallen bspw. Telefon- und E-Mail-Etikette, Meeting-Management, Festlegung einer gemeinsamen Sprache etc.)

A 1.3) Führung von virtuellen und herkömmlichen Teams

Senninger und Weiß unterscheiden bei der Führung dabei die Mitarbeiterführung von der Teamführung. Die Mitarbeiterführung beschäftigt sich mit der Interaktion zwischen Führungskraft / Vorgesetzten und den einzelnen Mitarbeitern, während unter Teamführung alle Führungsaufgaben verstanden werden können, die sich auf das gesamte Team beziehen.[8] Wie bereits weiter oben vorgestellt, können reale und virtuelle Teams voneinander differenziert werden. Die Führung dieser beiden Teamvarianten unterscheiden sich dabei teilweise wesentlich, allerdings können auch einige Parallelen festgehalten werden. Für eine effektive Teamführung, sowohl bei realen als auch bei virtuellen Teams, muss daher die Zielerreichung wie auch die Förderung der Gruppenkohäsion sichergestellt sein.[9] Werner, Konradt und Jöns gehen davon aus, dass eine personalisierte Führung

---

[8] Vgl. Senninger, T. / Weiß, A.: 2011, S. 14
[9] Vgl. Werner, M. / Konradt, U. / Jöns, I.: 2007, S. 4

in virtuellen Teams allerdings kaum ausreicht, sodass die gegenseitige und strukturelle Führung ebenso zur Effektivität, Zufriedenheit und Identifikation mit dem Team beitragen. Die personalisierte Führung ist die klassische Führung durch den Teamleiter, wohingegen die gegenseitige Führung von einer horizontalen und lateralen Führung der Teammitglieder untereinander geprägt ist. Die strukturelle Führung umfasst dabei die Autonomie der Mitarbeiter, grundlegende Entscheidungen in einem bestimmten Rahmen selbst treffen zu können.[9]

Auch die Führungsaufgaben während der Teamentwicklung sind dabei nicht außer Acht zu lassen. Während der ersten Phase, der Forming Phase, bei der sich die Mitglieder kennenlernen, muss die Führungskraft hier bereits den Prozess der Orientierung gezielt unterstützen. Sowohl bei herkömmlichen als auch bei virtuellen Teams ist dies dem Teamleiter durch, beispielsweise einem gemeinsamen Workshop möglich, zu steuern. Auftretende Konflikte in der Storming Phase hingegen können, müssen aber nicht bei virtuellen Teams auftreten. In herkömmlichen Teams sind diese allerdings fast unumgänglich und erfordern hier die Förderung einer wertschätzenden Kommunikation zwischen den Mitgliedern unter der Leitung des Teamleiters. Die Norming Phase, in der die Teammitglieder eigene Standards sowie Regeln definieren und diese eigenständig umsetzen, sollte bei virtuellen Teams im Idealfall bereits beim ersten Kick-Off-Meeting stattfinden. Somit werden gewisse Umgangsregeln und Werte zusammen mit der Teamleitung bereits vor Beginn der Aufgabenbearbeitung festgelegt.

Zusammenfassend lässt sich festhalten, dass das Führen von virtuellen Teams eine sehr anspruchsvolle Aufgabe für den Teamleiter ist, die neue Konzepte der Mitarbeiter- und Führungskräfteentwicklung erfordert. Wenn diese Herausforderungen gemeistert werden können, sind die Vorteile die durch virtuelle Teams für Unternehmen entstehen, allerdings enorm und können eventuell wettbewerbsentscheidend sein – insbesondere, wenn es sich dabei um international agierende Unternehmen handelt, die schnell auf die Dynamik der Märkte reagieren müssen.

A 2.) Gruppenspezifische Effekte in Teams

Die Einführung von Arbeitsteams ist heutzutage aus unserem Berufsalltag kaum mehr wegzudenken. Menschen mit unterschiedlichen Qualifikationen, Stärken und Schwächen werden – meist unfreiwillig – zu einem Team bestimmt, um gemeinsam eine Aufgabe zu lösen oder ein Projekt zu stemmen. Allerdings gibt es verschiedene Effekte, die bei einer Teamarbeit auftreten können und teilweise negative Auswirkungen auf den gesamten Arbeitsprozess der Gruppe haben können. Da verschiedene Persönlichkeiten der einzelnen Gruppenmitglieder aufeinandertreffen, sind Konflikte daher fast unumgänglich. Im Folgenden sollen einige dieser negativen Effekte einer Teamarbeit thematisiert werden:

a) Group Thinking[10]

Der Group Thinking-Effekt beschreibt, dass ein einzelnes Gruppenmitglied seine eigene Meinung schneller aufgibt und kompromissbereiter ist sowie sich der Meinung der Gruppe fügt. Einzelne Mitglieder unterdrücken dabei Meinungsverschiedenheiten zum Schutz der Gruppenharmonie. Dies führt insbesondere dann zu einem Problem, wenn realitätsferne oder schlechtere Entscheidungen getroffen werden, die man als Einzelperson nicht getroffen hätte. Dabei kann dieser Effekt unterschiedliche Ausprägungen zeigen: 1. Ein Teammitglied ist von seinem Charakter und Verhalten generell zurückhaltend und traut sich nicht, seine eigene Meinung zu äußern. 2. Ein Mitglied hat zwar eine eigene Meinung, wird aber tatsächlich von der Gruppenmeinung überzeugt bzw. überredet und gibt seine eigene Meinung auf. 3. Aus diversen Gründen (keine Zeit oder Lust) hat ein Mitglied keine eigene Meinung und schließt sich automatisch der Meinung der Gruppe an. Nicht selten kommt es hierbei auch zur Gruppenpolarisierung, bei der eine bereits bestehende Entscheidungstendenz durch eine Gruppendiskussion verstärkt wird. Die Einstellungen der Gruppenmitglieder im Mittelwert werden dabei extremer, sodass etwaige Tendenzen für eine Entscheidung entweder risikofreudiger oder vorsichtiger getroffen werden.[11]

---

[10] Vgl. Projekte leicht gemacht (13.03.2017): www.projekte-leicht-gemacht.de
[11] Vgl. Haufe (13.03.2017): www.haufe.de

b) Social Loafing

Beim Social Loafing oder Sozialen Faulenzen reduzieren Gruppenmitglieder ihre eigenen Anstrengungen, da sich ihr individueller Beitrag zur Gruppe nicht identifizieren und messen bzw. bewerten lässt. Die Anwesenheit weiterer Teammitglieder bei einer additiven Aufgabenstellung trägt dazu bei, dass die Leistungsfähigkeit nicht im gleichen Verhältnis zur Anzahl der Mitglieder steigt. Insbesondere in Mannschaftssportarten ist dieser Effekt zu beobachten. Beim Rudern beispielsweise ist die Leistung eines einzelnen Ruderers nicht mehr eindeutig erkennbar, was eine fast automatische Leistungsverminderung nach sich zieht.[12] Dieser Effekt konnte bereits im 18. Jahrhundert von Maximilian Ringelmann mit der Durchführung eines Tauziehexperiments nachgewiesen werden. Hierbei wurde zunächst die Leistung eines jeden Einzelnen und in einem zweiten Durchgang die Leistung im Team erfasst. Dabei lag die aufgewendete Kraft in der Gruppe deutlich unterhalb der Summe der Einzelkräfte – der sogenannte Ringelmann-Effekt entstand. Dieser Effekt nimmt insbesondere dann ab, wenn neben Teamzielen auch individuell messbare Ziele gesetzt werden oder der Verantwortungsbereich der Mitglieder erhöht wird.

c) Free Riding & Sucker Effect[9]

Zwei weitere Effekte, diezu verminderter Leistung des Teams führen können, sind das sogenannte Free Riding (soziale Trittbrettfahren) und der Sucker Effect (Trotteleffekt). Dieser gruppenspezifische Effekt ist dabei kritischer einzustufen als das soziale Faulenzen. Wenn Mitarbeiter den eigenen Beitrag zur Gruppenleistung als entbehrlich oder ineffektiv empfinden und die eigene Leistung bewusst zurückhalten, wird vom sozialen Trittbrettfahren gesprochen. Insbesondere bei disjunktiven Aufgaben, bei denen die Gruppenleistung meist durch das kompetenteste Mitglied anhängig ist, ist dieser Effekt zu beobachten. Eine verstärkte Variante des sozialen Trittbrettfahrens ist der Trotteleffekt. Er tritt auf, wenn Gruppenmitglieder das Zurückhalten der Leistung eines Trittbrettfahrers wahrnehmen. Das oder die engagierte/n Gruppenmitglied/er gehen davon aus, dass Leistungen vorsätzlich zurückbehalten werden, da sich die jeweilige Person meist dumm stellt oder keine Informationen weitergibt. Meist

---

[12] Vgl. Bernitzke, H. / Ebert-Steinhübel, A.: 2013, S. 164

handelt es sich hierbei um eine Trotzreaktion und bewusster Protest z.B. gegenüber einem anderen Gruppenmitglied. Aus Sicht der Person, die sich ausgenutzt fühlt, wird durch dieses Verhalten eine subjektive Leistungsgerechtigkeit wiederhergestellt. Um solch einen Effekt zu vermeiden, bietet sich auch hier neben einer Bewertung der Teamleistung eine individuelle Zielvereinbarung und -bewertung an.

d) Risk Shifting[13]

Dieser Gruppeneffekt besagt, dass die Entscheidungen in Teams häufig risikobereiter getroffen werden als jene, die man als Einzelperson getätigt hätte. Dieses Verhalten lässt sich darauf zurückführen, dass es vielen Menschen leichter fällt ein Risiko einzugehen, wenn die Folgen nicht allein getragen werden müssen, sondern im kollektiven Miteinander. Das Auftreten dieses Effektes muss allerdings nicht zwingend eine negative Auswirkung haben. Manchmal ist es für die Aufgabe oder das Projekt sogar von Vorteil und provoziert einen regelrechten Schub, wenn auch riskante Entscheidungen bewusst getroffen werden.

A 3.) Einführung Qualitätsmanagementsystem – Moderation eines Workshops

Zur Optimierung der betrieblichen Prozessabläufe und deren Ergebnisse, soll in naher Zukunft ein Qualitätsmanagementsystem im Unternehmen eingeführt werden. Als Unternehmen soll hierbei ein fiktives Zulieferunternehmen der Automobilbranche herangezogen werden. Unter Einbeziehung aller am Produktionsprozess beteiligten Abteilungen und Arbeitsbereiche soll somit die Qualität der eigenen Produkte bzw. Dienstleistungen verbessert werden und so zu einer gesteigerten Kundenzufriedenheit beitragen.[14] Nach Einführung eines solchen Qualitätsmanagements macht es Sinn, dieses nach der DIN ISO 9001 zertifizieren zu lassen, dadurch kann die Effizienz innerhalb des Unternehmens nochmals verbessert, etwaige Fehler reduziert und Kosten gegebenenfalls eingespart werden.[15]

---

[13] Vgl. Projekte leicht gemacht (13.03.2017): www.projekte-leicht-gemacht.de
[14] Vgl. Rittershofer, W.: 2009, S. 902
[15] Vgl. TÜV Rheinland (29.01.2017): www.tuv.com

Da die Einführung eines solchen Systems alle Arbeitsbereiche im Unternehmen betrifft, soll im ersten Schritt ein Workshop mit den jeweiligen Abteilungsleitern abgehalten werden. Bei dieser Veranstaltung sollen sich die Führungskräfte intensiv mit dem Thema auseinandersetzen, Ideen und neue Wege suchen sowie durch eine kooperative Arbeit die nächsten Schritte für die Umsetzung des Vorhabens ausarbeiten.[16] Der Verfasser dieser Arbeit hat dabei die Rolle des Moderators bei diesem Workshop inne und soll die motivierte, aktive Mitarbeit aller Beteiligten dieser Arbeitsgruppe fördern.[17] Zur Vorbereitung des Workshops soll dabei ein inhaltliches, zeitliches und methodisches Konzept mit unterschiedlichen Moderationsinstrumenten ausgearbeitet werden. Darüber hinaus sollen zu beachtende Verhaltensregeln für den Moderator gegenüber der Gruppe thematisiert werden.

Workshop-Planung „Einführung eines Qualitätsmanagementsystems"

Wie so oft hängt der Erfolg auch bei der Durchführung eines Workshops von dessen Vorbereitung ab. Der Ablauf sollte daher bereits im Vorfeld sorgfältig geplant und vorbereitet sein, allerdings einen nicht zu starren Rahmen vorsehen, sodass die, für eine gute Moderation benötigte Flexibilität nicht verloren geht.[18] Seifert gliedert den Prozess der Vorbereitung dabei in insgesamt vier Aspekte: Inhaltliche, methodische, organisatorische und persönliche Vorbereitung.[19] (Anmerkung Autor: da die vorliegende Aufgabenstellung lediglich eine nähere Betrachtung der inhaltlichen und methodischen Vorbereitung vorsieht, werden die organisatorische und persönliche Vorbereitung an dieser Stelle nicht weiter berücksichtigt, sondern lediglich der Vollständigkeit halber erwähnt).

Für die inhaltliche Planung ist es erforderlich, dass sich der Moderator mit dem Themenbereich des Qualitätsmanagements, um den es in diesem Workshop gehen soll, auseinandergesetzt hat, um über ein gewisses Vorwissen zu verfügen. Fachliche Mängel können bei den Teilnehmern den Eindruck

---

[16] Vgl. Beermann, S. / Schubach, M.: 2015, S. 6
[17] Vgl. Bundesministerium des Inneren (29.01.2017): www.orghandbuch.de
[18] Vgl. Quliling, E. / Nicolini, H.: 2009, S. 86
[19] Vgl. Seifert, J. W.: 2011, S. 23 f.

erwecken, nicht über die benötigte Kompetenz zu verfügen. Eine solche Inkompetenz kann dann von den Teilnehmern womöglich auch in anderen Bereichen unterstellt werden.[20] Ein weiterer wichtiger Aspekt der inhaltlichen Vorbereitung ist die Klärung der Zielsetzung, die mit dem Workshop erreicht werden soll. Als Anlass für den Workshop kann die von der Geschäftsführung angestrebte Einführung eines unternehmensweiten Qualitätsmanagementsystems festgehalten werden, um betriebliche Prozesse zu optimieren und die Qualität der eigenen Produkte bzw. Dienstleistungen langfristig zu verbessern. Beermann und Schubach empfehlen dabei die Zieldefinition in Workshop- und Praxisziele zu unterteilen, um gewährleisten zu können, dass die im Workshop erzielten Ergebnisse auch wirklich umgesetzt werden:[21]

Ziele des Workshops	Ziele in der Praxis
Abteilungsübergreifende Prozesse definieren; (Ist-Zustand)	Prozessablaufplan inkl. aller Vorphasen z.B. in der Endmontage für jeden Bereich zugänglich machen
Arbeitsprozesse Soll-Zustand definieren	Optimierung der Logistik, des Einkaufs von Vorproduktionsstufen, der Verarbeitung und Distribution
Fünf Maßnahmen zur Kostenreduktion	Umsetzung der Maßnahmen, um Vorgabe der Kostenreduzierung von 1,-€/Stück des Auftraggebers gerecht zu werden
Ausarbeitung von abteilungsübergreifenden / abteilungsspezifischen Richtlinien	Erstellung der jeweiligen Dokumente durch Fachbereichsbeauftragten

Tabelle 1: Workshop- und Praxisziele, eigene Darstellung in Anlehnung an Beermann, S. / Schubach, M.: 2015, S. 15

---

[20] Vgl. Briegel, K.: 2002, S. 13 f.
[21] Vgl. Beermann, S. / Schubach, M.: 2015, S. 15 f.

Nachdem die inhaltlichen Ziele des Workshops definiert wurden, gilt es im nächsten Schritt den Ablauf wie auch den Einsatz der verschiedenen Hilfsmittel, wie z.B. Plakate oder Flipcharts, zu planen und diese ggf. bereits im Vorfeld vorzubereiten.

Seifert empfiehlt hierfür die Erstellung eines Moderationsplans, um die oben genannten Moderationsmethoden mit den thematischen Inhalten zu verknüpfen sowie eine grobe zeitliche Übersicht der einzelnen Moderationsschritte festzulegen.[22] Dabei können insgesamt fünf Phasen einer Moderation festgehalten werden, auch Moderationsprozess genannt:

1. Phase: Begrüßung und Warming-Up

2. Phase: Themen- oder Problemorientierung

3. Phase: Themen- oder Problembearbeitung

4. Phase: Ergebnissicherung

5. Phase: Abschluss[23]

Folgende Tabelle zeigt einen Moderationsplan für den anstehenden Workshop inklusive der Unterteilung in die einzelnen Moderationsprozesse/ -schritte:

---

[22] Vgl. Seifert, W.: 1995, S. 21
[23] Vgl. Josukus, H. / Adam, G. / Schleinitz, G.: 2015, S. 201 f.

Moderations-schritt	Inhalt	Moderations-methode	Hilfsmittel	Zeit
Planung	Konzept des Workshops „Einführung eines Qualitäts-management-systems (QMS)"		Pinnwände Flipcharts Moderations-koffer	150 Min.
Einstieg	Arbeitsklima schaffen, Thema des Workshops, Ziele definieren, Ablauf vorstellen	Erwartungs-frage	Vorbereitetes Flipchart: Agenda, Erwartungen, Zielsetzung	20 Min.
Ideen sammeln	Vorbereitung zur Einführung des QMS	Brain-storming, Meta-Plan-Technik	Flipchart	30 Min.
Bewertung & Auswahl	Festlegung der Themen, die zuerst thematisiert und bearbeitet werden sollen	Mehr-Punkt-Abfrage	Vorbereitetes Plakat:	30 Min.
Bearbeitung	Ansatzpunkte konkretisieren, Auswirkung auf Tagesgeschäft, relevante Vorbereitungen, Lösung der Gruppe präsentieren, Entscheidung treffen	Gruppen-arbeit, Mehrfeld-Tafeln	Vorbereitete Plakate: Arbeitsschritte Vorbereitung Präsentation d. Gruppe	180 Min.
Maßnahmen planen	Katalog von Maßnahmen zur Umsetzung	Maßnahmen-plan	Vorbereitetes Plakat: Maßnahmen-plan	45 Min.
Abschluss	Nächsten Schritte visualisieren, Gesamt-zufriedenheit, Erwartungserfüllung	Bewertungs-matrix	Vorbereitetes Plakat: Roadmap, Stimmungs-barometer	25 Min.

Tabelle 2: Moderationsplan, eigene Darstellung in Anlehnung an Jochum, E. / Horender, U. / Bernitzke, H.: 2010, S. 182

Ob die Moderation erfolgreich ist, hängt meist von der Person des Moderators selbst ab. Dabei kann er verschiedene Rollen einnehmen wie z.B. die eines Diskussionshelfers, eines Vermittlers oder Förderers.[24] Als Moderator ist es

---

[24] Vgl. Briegel, K.: 2002, S. 4 f.

deshalb umso wichtiger, eine inhaltlich neutrale Haltung einzunehmen, das bedeutet:

- Bewusst keine Partei zu ergreifen

- Keine der geäußerten Meinungen zu seiner eigenen zu machen

- Alle Nennungen und Personen gleichermaßen gelten zu lassen

- Teilnehmerbeiträge weder zu kommentieren noch zu bewerten

- Keinem Recht oder Unrecht zu geben

- Keine Nennung als richtig oder falsch, schlecht oder gut zu deklarieren.[25]

Ergänzend dazu hat Briegel noch folgende Verhaltensregeln für den Moderator definiert:

- Offenes Gespräch- und Gruppenklima entwickeln

- Ruhe und Zuversicht ausstrahlen

- Transparenz herstellen und Gruppenprozess fördern

- Ich-Botschaften ohne Interpretationen und Vermutungen senden.[26]

Über ein grundlegendes Wissen zu den Kommunikationsprozessen sollte der Moderator ebenfalls verfügen. Nach dem Kommunikationsmodell von Schulz und Thun werden neben der Sachebene auch die Beziehungsebene der Kommunikationspartner und die Appellseite angesprochen. Auch auf nonverbale Kommunikationselemente wie die Körpersprache reagieren die Teilnehmer sensibel, insbesondere wenn die verbale und die nonverbale Botschaft nicht kongruent sind.[27]

---

[25] Vgl. Seifert, W.: 2011 S. 12
[26] Vgl. Briegel, K.: 2002, S. 7 f.
[27] Vgl. Jochum, E. / Horender, U. / Bernitzke, H.: 2010, S. 199 ff.

Internetverzeichnis

Bundesministerium des Inneren (29.01.2017):
http://www.orghandbuch.de/OHB/DE/Organisationshandbuch/6_MethodenTech
niken/61_Erhebungstechniken/619_WorkshopModeration/workshopmoderation-
node.html

Business-Wissen (10.03.2017): http://www.business-
wissen.de/artikel/mitarbeiterfuehrung-so-gelingt-die-fuehrung-virtueller-teams/

Haufe (13.03.2017): https://www.haufe.de/personal/hr-
management/gruppendynamische-effekte/gruppendenken_80_164670.html

managerSeminare.de – Das Weiterbildungsportal (10.03.2017):
http://www.managerseminare.de/Datenbanken_Lexikon/Teamphasen-nach-
Bruce-W-Tuckman,158165

Projekte leicht gemacht (13.03.2017): https://projekte-leicht-
gemacht.de/blog/pm-in-der-praxis/die-3-negativen-effekte-der-teamarbeit/

TÜV Rheinland (29.01.2017):
http://www.tuv.com/de/deutschland/gk/managementsysteme/qualitaetsmanage
ment/iso_9001/iso9001.jsp

Literaturverzeichnis

Becker, M. / Hess, G.: Führung virtueller Teams: Kognitive Modelle der
Führungskraft, Teamprozesse und Teameffektivität. Zürich, 2002

Beermann, S. / Schubach, M.: Workshops: Vorbereiten, durchführen,
nachbereiten. 3. Auflage. Freiburg, 2015

Bernitzke, H. / Ebert-Steinhübel, A.: Teamentwicklung. 4. Auflage. Riedlingen,
2013

Briegel, K.: Souverän moderieren. Techniken, Praxisfälle, Checklisten. Neuwied,
2002

Handy, Charles: Trust and the virtual organisation, in: Harvard Business Review,
1995

Jochum, E. / Horender, U. / Bernitzke, H.: Gesprächsführung und Moderation. 3. Auflage. Riedlingen, 2010

Josukus, H. / Adam, G. / Schleinitz, G.: Professionelle Kommunikation in Pflege und Management: Ein praxisnaher Leitfaden. 2. Aktualisierte Auflage. Hannover, 2011

Köppel, P.: Konflikte und Synergien in multikulturellen Teams: Virtuelle und face-to-face-Kooperation. Wiesbaden, 2007

Paré, G. / Dubé, L.: Virtual teams: an exploratory study of key challenges and strategies. North Carolina (USA), 1999

Rittershofer, Werner: Wirtschaftslexikon. 4. Vollständig überarbeitete Auflage. München, 2009

Senninger, T. / Weiß, A.: Gruppe – Teams – Spitzenteam: Das Handbuch zur Teamführung. 1. Auflage. Münster, 2011

Seifert, J.W.: 30 Minuten Moderieren. 9. Überarbeitete Auflage. Offenbach, 2011

Seifert, J.W.: Besprechungs-Moderation. Mit neuer Technik effektiv leiten, erfolgreich teilnehmen, Zeit sparen. Offenbach, 1995

Quliling, E. / Nicolini, H.: Erfolgreiche Seminargestaltung – Strategien und Methoden in der Erwachsenenbildung. 2. Erweiterte Auflage. Wiesbaden, 2009

Werner, M. / Konradt, U. / Jöns, I.: Verteilte Führung in Virtuellen Teams. In: PsyDok (Psychologie Information – ZPID Leibniz Institut). 2007

Tabellenverzeichnis